きみはどこに
住んでいるの？
ぼくはね…

あおもりけん 青森県
あきたけん 秋田県
いわてけん 岩手県
やまがたけん 山形県
にいがたけん 新潟県
みやぎけん 宮城県
ふくしまけん 福島県
とちぎけん 栃木県
いばらきけん 茨城県
きょうと 京都
ちばけん 千葉県

なるほど日本地名事典 1

都道府県名・
北海道〜山形県

蟻川明男 著

大月書店

都道府県の名前の起源は？

もくじ

北海道・東北地方
- 北海道 … 4
- 青森県 … 4
- 秋田県 … 4
- 岩手県 … 5
- 宮城県 … 5
- 福島県 … 5
- 山形県 … 5

関東地方
- 群馬県 … 6
- 埼玉県 … 6
- 東京都 … 6
- 栃木県 … 7
- 茨城県 … 7
- 千葉県 … 7
- 神奈川県 … 7

中部地方
- 新潟県 … 8
- 長野県 … 8
- 富山県 … 8
- 石川県 … 8
- 静岡県 … 9
- 山梨県 … 9
- 福井県 … 9
- 岐阜県 … 9
- 愛知県 … 9

近畿地方
- 和歌山県 … 10
- 大阪府 … 10
- 兵庫県 … 10
- 三重県 … 11
- 滋賀県 … 11
- 奈良県 … 11
- 京都府 … 11

中国・四国地方
- 島根県 … 12
- 広島県 … 12
- 山口県 … 12
- 愛媛県 … 12
- 鳥取県 … 13
- 岡山県 … 13
- 香川県 … 13
- 徳島県 … 13
- 高知県 … 13

九州・沖縄地方
- 福岡県 … 14
- 佐賀県 … 14
- 長崎県 … 14
- 大分県 … 14
- 熊本県 … 15
- 宮崎県 … 15
- 鹿児島県 … 15
- 沖縄県 … 15

日本全国地名クイズ 都道府県名編 … 16

山や川の名前・市町村の名前の起源（きげん）は？

北海道（ほっかいどう）

- 石狩川（いしかりがわ）…18
- 北見山地（きたみさんち）…18
- 大雪山（たいせつざん）…18
- 日高山脈（ひだかさんみゃく）…18
- オホーツク海（かい）…19
- 根釧台地（こんせんだいち）…19
- 知床半島（しれとこはんとう）…19
- 十勝平野（とかちへいや）…19
- 札幌（さっぽろ）…20
- 函館（はこだて）…20
- 松前（まつまえ）…20
- 旭川（あさひかわ）…21
- 釧路（くしろ）…21
- 千歳（ちとせ）…21
- 夕張（ゆうばり）…21
- 稚内（わっかない）…21

青森県（あおもりけん）

- 岩木山（いわきさん）…22
- 十三湖（じゅうさんこ）…22
- 白神山地（しらかみさんち）…22
- 津軽半島（つがるはんとう）…22
- 下北半島（しもきたはんとう）…23
- 十和田湖（とわだこ）…23
- 八甲田山（はっこうださん）…23
- 陸奥湾（むつわん）…23
- 碇ヶ関（いかりがせき）…24
- 大鰐（おおわに）…24
- 五所川原（ごしょがわら）…24
- 三内丸山（さんないまるやま）…24
- 弘前（ひろさき）…24
- 青森（あおもり）…25
- 大間（おおま）…25
- 八戸（はちのへ）…25
- むつ…25
- 六ヶ所（ろっかしょ）…25

秋田県（あきたけん）

- 男鹿半島（おがはんとう）…26
- 雄物川（おものがわ）…26
- 出羽山地（でわさんち）…26
- 八郎潟（はちろうがた）…26
- 米代川（よねしろがわ）…26
- 駒ヶ岳（こまがたけ）…27
- 田沢湖（たざわこ）…27
- 大潟村（おおがたむら）…28
- 能代（のしろ）…28
- 八峰（はちみね）…28
- 湯沢（ゆざわ）…28
- 由利本荘（ゆりほんじょう）…28
- 秋田（あきた）…29
- 大館（おおだて）…29
- 鹿角（かづの）…29
- 大仙（だいせん）…29

岩手県（いわてけん）

- 岩手山（いわてさん）…30
- 奥羽山脈（おううさんみゃく）…30
- 北上川（きたかみがわ）…30
- 八幡平（はちまんたい）…30
- 真昼岳（まひるだけ）…30
- 三陸海岸（さんりくかいがん）…31
- 早池峰山（はやちねさん）…31
- 陸中海岸（りくちゅうかいがん）…31
- 龍泉洞（りゅうせんどう）…31
- 一関（いちのせき）…32
- 北上（きたかみ）…32
- 花巻（はなまき）…32
- 平泉（ひらいずみ）…32
- 盛岡（もりおか）…32
- 釜石（かまいし）…33
- 久慈（くじ）…33
- 葛巻（くずまき）…33
- 遠野（とおの）…33

山形県（やまがたけん）

- 朝日山地（あさひさんち）…34
- 月山（がっさん）…34
- 庄内平野（しょうないへいや）…34
- 鳥海山（ちょうかいさん）…35
- 船形山（ふながたやま）…35
- 最上川（もがみがわ）…35
- 山形盆地（やまがたぼんち）…35
- 米沢盆地（よねざわぼんち）…35
- 温海（あつみ）…36
- 上山（かみのやま）…36
- 酒田（さかた）…36
- 南陽（なんよう）…36
- 尾花沢（おばなざわ）…37
- 新庄（しんじょう）…37
- 鶴岡（つるおか）…37
- 天童（てんどう）…37
- 山形（やまがた）…37
- 山寺（やまでら）…37
- 米沢（よねざわ）…37

日本全国地名クイズ …38　参考文献 …40

道県の名前の起源は? 北海道・東北地方

さあ、旅を始めよう！北から南下していくよ

どうして、「北海道」だけ「道」がつくのだろう?

古代では、地方の名前は街道の名前もかねて東海道、山陽道、南海道など7つの「道」に分けて呼んでいた。江戸時代には、藩単位で区分されていたが、北海道は未開の地だったので、「エゾ(蝦夷)地」と呼ばれていた。明治の新政府は本格的に「エゾ地」の開拓を始めるにあたって、松浦武四郎の「北加伊(ほっかいい)」や「海北(かいほく)」などの案を参考にして、「北海道」と日本古来の呼び方で新地名をつけた。1871年、藩は県や府などの自治体名に改められたが、北海道は政府が直接管理したので、そのままとなった。

北海道

青い松の木の森があったので「青森」

松の木は1年中青い葉をつけている。その松の木の丘が、海から港を探すときの目印となったので、「青盛(あおもり)」とか「青森(あおもり)」と書かれた。「青森(あおもり)」は藩の城下町は弘前(ひろさき)にあった。1871年、県庁が青森におかれたので青森県となった。

「秋田」といえば、お米の名産地

だから、お米が実る「秋の田んぼ」で「秋田」と覚えれば、かんたん。しかし、昔は阿伊多(あいた)とか飽田(あきた)と呼ばれていた。「あいた」や「あきた」は、米を作るのに湿地を意味している。現在の「秋田(あきた)」となったのは733年で、1200年以上も昔のことである。

青森県

火山の噴火で溶岩が押し出され

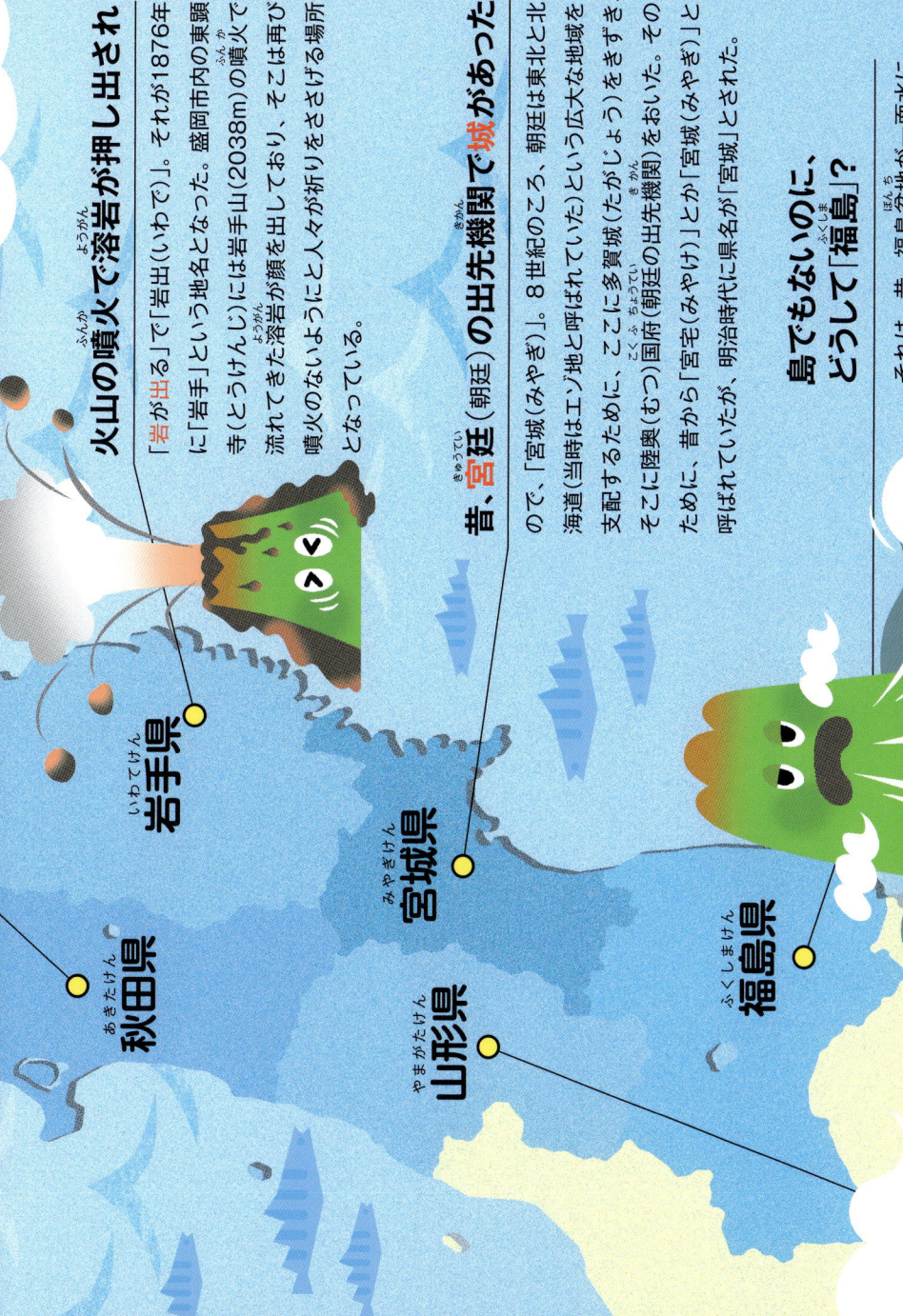

「岩が出る」で「岩出(いわで)」。それが1876年に「岩手」という地名となった。盛岡市内の東顕寺(とうけんじ)には岩手山(2038m)の噴火で流れてきた溶岩が顔を出しており、そこは再び噴火のないように、と人々が祈りをささげる場所となっている。

岩手県

昔、宮廷(朝廷)の出先機関で城があった

ので、「宮城(みやぎ)」。8世紀のころ、朝廷は東北と北海道(当時はエゾ地と呼ばれていた)という広大な地域を支配するために、ここに多賀城(たがじょう)をきずき、そこに陸奥(むつ)国府(朝廷の出先機関)をおいた。その ために、昔から「宮宅(みやけ)」とか「宮城(みやぎ)」と呼ばれていたが、明治時代に県名が「宮城」とされた。

秋田県

宮城県

島でもないのに、どうして「福島」?

それは、昔、福島盆地が一面水におおわれていて、信夫山(しのぶさん)が島のようになっていたからだ。そこに、吾妻(あずま)山おろしの風が吹きつけていたので、風の吹く島=吹島(ふくしま)と呼ばれていた。1592年、武将であった木村吉清次の領地となったときに、「吹く」がめでたい文字である「福」に改められた。

福島県

山形県

山のある地方なので、山方→「山形」

最上川(もがみがわ)の下流から上流をみると、山脈が見える。それで、山のある地方ということで山方(やまがた)と呼ばれていた。14世紀に出羽(でわ)按察使(あぜち)という監督署がおかれ、城下町ができると、山方の「方」をより良い文字である「形」におきかえて、「山形」とした。

都県の名前の起源は？
関東地方

馬をたくさん飼っていたので、「群馬」

古代、この地方は、天皇に馬車を提供する車持公（くるまもちのきみ）という一族がいたことや、榛名山（はるなさん）のふもとに1年に50頭もの馬を供出する9つの牧場があったことから、車馬郡とか群馬郡（両方とも、「くるまこおり」と読む）と呼ばれていた。それが、明治になって群馬（ぐんま）という音読みで県の名前となった。

○ 群馬県

○ 栃木県

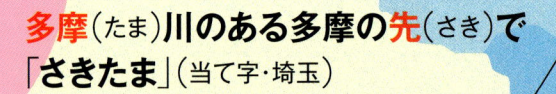

多摩（たま）川のある多摩の先（さき）で「さきたま」（当て字・埼玉）

その読み方が「さいたま」になった。古代に武蔵（むさし）国府（朝廷の出先機関）がおかれていた多摩からみると、この地方は多摩郡のさらに先にあったので、前玉（さきたま）とも当て字された。

○ 埼玉県

○ 東京都

東の京（みやこ）で「東京」

1869年に明治天皇が京都の御所（ごしょ＝天皇のいるところ）から、東京の旧江戸城に移って皇居（こうきょ＝天皇のいるところ）とした。天皇が西の京都から江戸に引っ越したので、それまでの江戸を東の京（みやこ）の意味で東京とした（名前が変わったのは1868年）。最初は、東京府という名前だったが、東京市という中心街もあり、1943年に2つの名前を統合して東京都とした。

○ 神奈川県

トチノキがあったので、「**栃木**」

利根（とね）川の支流である巴波（うずま）川の川辺に、実からでんぷんを取り、とちもちにすることのできるトチノキが生えていた。現在、県庁は宇都宮市（うつのみやし）にあるが、明治新政府によって、県庁が一時、栃木市におかれたので県名も栃木となった。

茨（いばら＝とげのある低い木）の**囲い**があったので、茨木→茨城

8世紀にこの地をまかされた黒坂命（くろさかのみこと）は、賊（悪人）を追い込むために、穴の中やまわりを茨でおおい、穴に逃げ込む習性のある賊をそこに後退させ、茨があるために動きのにぶくなったところで賊をうった。そういう話が常陸（ひたち）国風土記に書いてある。

茨城県

幾**千**（いくせん＝たくさんという意味）の**葉**が生い茂るから、「**千葉**」

千葉は古代の歌で葛野の枕ことばとして使われた。葛はくず粉というでんぷん粉を得るための大切な草であった。日本書紀の中に出てくる「千葉のかずら野をみれば、百千足る家庭も見ゆ、国の秀も見ゆ」（千葉のかずら野を見れば、たくさんの家がある。この地方のすばらしさがわかる）という短歌から引いている。

千葉県

カンナけずりの**川**があったので「**神奈川**」

横浜市神奈川区には、昔、「カノ川」とか「カナ川」と呼ばれた小さな川が流れていた。流れのために、川の両岸がカンナでけずられたように崩れたので、こうした名前がつけられた。また、崖崩れのために川が赤くにごっていたので、東海道中膝栗毛（江戸時代の旅行記）では金川（かながわ）と書かれたが、江戸幕府はよりめでたい文字として「神奈川」を使用した。

県の名前の起源は？
中部地方

新しい干潟（ひがた）で「新潟」

干潟とは、潮（海水）がひいたあとにできる砂浜のこと。信濃川（しなのがわ）下流は川の運ぶ土砂が堆積（積み重なること）しやすく、多くの中州（土砂がまってできた川の中の陸地）ができていたことから、この名前がついた。

富んだ山で「富山」

これは当て字である。富山平野の中央にある呉羽（くれは）丘陵（高さ120m）は、平野から見て「外山（とやま）」と呼ばれていた。1532年、この地に水野越前守（えちぜんのかみ）勝重が城をつくったが、そのとき城の名前を「外山」よりめでたい文字である「富山」としたので、それが新地名となった。

石の多い川があるから、「石川」

石川県の南部を流れる手取川（てどりがわ）は、石の多い川といわれ、それがもとで「石川郡」と呼ばれていた。明治時代、1871年から2年間、県庁が石川郡美川に置かれたために、県の名は石川県となった。1873年、県庁は金沢市に移ったが、県の名は変わらなかった。

長い平野で「長野」

長野盆地は長い平野といっても、長さ25km、幅10kmほどである。しかし、山間部でこれだけの平野があるのはすぐれた場所である。別名を善光寺平（ぜんこうじだいら）ともいい、門前町のあることでも有名だが、宿場町や市場町としても発展した。

新潟県
富山県
石川県
福井県
長野県
岐阜県
山梨県

山があるのに、どうして「山なし」?

山梨地方は、昔は「甲斐(かい)の国」と呼ばれていたが、この地方にバラ科のヤマナシの木があったことから、1871年に県名をさだめるときに、「山梨」と名づけられた。11世紀の能因法師は、「甲斐がねにけらしなあし引きの 山なしおかの山のはな」(甲斐の山に咲いているしのはな)(甲斐の山に咲いているのはな、おさましおかの山なしの花)と歌っている。

山梨県

しずはた(布を織る人)の丘から、「静岡」

静岡地方は、昔は「駿河(するが)の国」と呼ばれ、その国府の出先機関(朝廷)は「駿府(すんぷ)」と呼ばれていた。明治時代になると、そこにある丘陵機山(しずはたやま、高さ200m)のふもとの丘(しずおか)の名を、おさまりのよい文字にさかえて、「静岡」という新地名を考え出した。

静岡県

知を愛すると読めるが

これもよりめでたい文字に変えて当てた字である。
「愛知」という名前は、「吾湯市(あゆち)潟」という熱田(あつた)付近から西北に入った干潟(ひがた)の名前がもとになっている。「あゆ(落ゆ)」にはにじみ出る湧き水とか、したたり流れる水を表す古語で、これに場所を示す市が加わったのが元の名。

「岐」も「阜」も中国の地名からとられたもの

1575年に織田信長が、漢詩の梅花無尽蔵(ばいかむじんぞう)」の中から選んだ名前である。「岐」は中国の周の都、「天に届く山を意味する「岐山」からとられた。「阜」は孔子(こうし)の生地で儒教誕生の地である「曲阜(きょくふ)」からとられている。「阜」という漢字は、丘陵を意味する。平安と学問を同時に表現した地名となっている。

愛知県

福の居るところで「福居(ふくい)」→「福井」

1601年、それまでここの地をおさめていた北ノ庄城の城主柴田勝家が豊臣秀吉に敗れ城内で自害した。代わって城に入った松平秀康は、新時代をむかえ「福の宿所」という意味で城の名前を福居城と改めた。その後、幕府は「福井」と書きかえ、1701年、地方名を福井とした。

9

府県の名前の起源は？
近畿地方

朝廷の兵器を保管する倉庫があったから、「兵庫」

7世紀の大化改新のあと、対岸に淡路島（あわじしま）をのぞむ瀬戸内海の航路のかなめである須磨（すま）関を守るために、朝廷の警備が強化され、この地域に兵器倉庫が設置された。12世紀には兵庫荘（荘園）、13世紀には兵庫津（港）が加わった。

兵庫県

小坂（おさか）→大坂→「大阪」

「小坂」は、その名のとおり、平野と台地の境で坂になっている地域のこと。そこに1498年、京都から石山本願寺（ほんがんじ）が移ってきて、地域名を「大坂」と名のり、寺院都市として発展した。その後、1583年には豊臣秀吉が大坂城をつくり城下町となった。しかし、江戸時代末期に経済的に衰退しはじめたので、土偏（坂）から、よりめでたいこざと偏（阪）の「大阪」とし、街を盛んにしようとして、現在の地名となった。

若の浦に潮満ちくれば…

万葉集に「若の浦に潮満ちくれば潟をなみ葦辺をさして鶴鳴きわたる」（若の浦に潮が満ちてくると、干潟がだんだん無くなるので、葦の茂っている岸辺のほうへ鶴が鳴きながら飛んでいく）とあり、この地域が「若の浦（わかのうら）」と呼ばれていたことがわかる。それが、平安時代に、ひびきの良い字である「和歌浦」にかわった。1585年、豊臣秀吉が岡山城をつくったが、その後名前を「和歌山城」とかえ、それが現在の県名となっている。

この地方は歴史と関連が深そうだぞ

しか→しが→志賀→「滋賀」

琵琶(びわ)湖の岸でも石の多い所を「石処(しか)」と呼んでいた。それが、「しが」に転じたものといわれている。717年に「天智天皇の志賀の都」と書かれ、その後、「滋賀」の漢字にかわった。

滋賀県(しがけん)

京の都(みやこ)で「京都」

平安時代の都(みやこ)＝平安京のあったところ。平安末期からは京都(みやこの意味)が固有名詞となった。以来、明治時代まで、京都は天皇のいるところ(御所＝ごしょ)となった。江戸時代には、政治的な実権はほとんどなくなったが、大阪、江戸と並ぶ三都といわれて栄えた。1868年に、天皇が東京の皇居にうつり、京都は地方府となったが、それでも新産業計画を立案し、近代化の先頭にたとうとした。

京都府(きょうとふ)

大阪府(おおさかふ)

三重県(みえけん)

意外な言い伝えから生まれた地名

倭建命(やまとたけるの・みこと)が東国平定のために遠征したあと、ここで「わが足三重(みえ)にまがり、いたく疲れたり」と訴えたと、8世紀の古事記に書き残されている。足が、三重勾(みえまがり)というねじれた餅のようになっていたというのであった。

奈良県(ならけん)

地面を踏みならすという言葉から「奈良」

古代の第10代崇神(すじん)天皇のとき、官軍が高さ80mのなら山に登り、そこの草木を踏みならして陣地(じんち)にしたという。そこから、「なら」とよばれるようになった。奈良時代には「平城(なら)」と書かれ、平安時代に当て字である「奈良」の文字に変わっている。

和歌山県(わかやまけん)

11

県の名前の起源は？
中国・四国地方

古代、島の上の嶺（みね）だったので島の嶺→「島根」

「嶺（みね）」が根とかわったのである。昔、海にあった島と、陸地とのあいだの浅い海に砂が堆積して（積み重なって）、本土と陸続きとなったのだ。このことは国引きの神話のなかに、八束水臣津野命（やつかみずおみつのみこと）が、沖合の島に綱をつけて引いたという話として残っている。

島根県

山の入口で「山口」

山口市は東鳳翩山（ひがしほうべんさん、734m）の入口にあるので、この地名となった。1254年に守護大名、大内氏（おおうちし）の城ができてから発展した。京都風の町並みは西の京と呼ばれた。

山口県

たくさんの島を広く合わせて、「広島」

1589年安土桃山時代の武将毛利輝元（もうりてるもと）が、太田川三角州の白島（はくしま）を築城場所に選んで、デルタ地帯の島々を広くあわせる構想から「広島」と命名した。

広島県

もともとは、女神の名前

古事記の国生み神話では、イザナギ・イザナミノミコトが四国をつくり、「伊予（いよ）の国」を「愛比売（えひめ）」という女神の名で呼んだ。これを1866年に、医者で国学者でもあった半井悟菴（なからい・ごあん）が「愛媛（えひめ）」と書きかえたものである。

愛媛県

鳥取県

鳥を取る職人たちがいたから、「鳥取」

古代には、各地に水鳥などを捕る職業集団、鳥取部（とっとりべ）がおかれた。この地域の鳥取部は、死者の魂を運ぶと言われたオオハクチョウや、めずらしいコウノトリを税として納めていたという。

岡山県

岡山という山があるから

岡山市旭川西岸に天神山、石山、岡山という小さい丘があり、それらをまとめて「岡山（14.5m）」という。16世紀半ば、この岡山に戦国大名の宇喜多直家が岡山城を築いた。

香川県

川の付近の木や花の香りから、「香川」

高松市を流れる香東（こうとう）川の上流に「香川町」という地域がある。そこは、古代には自然がよく保たれていたので、その付近の木や花の香りがとてもよかったことから命名された地名といわれている。

徳島県

もともとの地名と関係なく、新しくつけられた

1585年、藩主だった蜂須賀家政（はちすか・いえまさ）が、吉野川デルタ7島中の1島にあった渭山（いさん、62m）に城をきずくときに、めでたい名前として「徳島」という地名を考え出した。

瀬戸内海がみえるぞ

高知県

川中島→河中（こうち）→「高知」

「こうち」という地形の名前がより美しい文字として、「高知」に置きかわったもの。1601年に土佐藩主となった山内一豊（やまのうち・かずとよ）は、鏡川と江ノ口川にはさまれた川中島の大高坂山（40m）に河中（こうち）山城をきずいた。その後、2代目藩主が水害をきらい、空鏡（くうきょう）という僧侶（お坊さん）の進言もあって、これを「高智」と書き代え、それがさらに「高知」になった。

県の名前の起源は？
九州・沖縄地方

岡山の福岡神社からとった地名

1600年の関ヶ原の戦の後、大名の配置替えでこの地に入った武将・黒田長政は、福崎（ふくさき）の丘の上に城をきずいた。そのさい、故郷の岡山にある守護神・福岡神社にちなんで福岡城と名づけ、この地方を「福岡」と呼ぶようになった。博多（はかた）のほうが、古くから栄えた商人街で、福岡はあとでつくられた行政区である。しかし、明治維新のときに福岡に県庁がおかれたため、福岡県となった。

大きい田で「大分」

日本書紀によれば1世紀ごろ、景行（けいこう）天皇がこの地に着き、日本最初の水田を見て「広大なるかな、この郡（こおり）は、よろしく大きた（おおきた）と国に名付くべし」と言ったので、「大きい田を付する意味する「大分（おおきた）」となったという。漢字の読み方はその後「おおいた」となった。

長崎小太郎の名前が起源

長崎市は、古くは「深江（ふかえ）」という名前であった。1281年に、将軍直属の家臣・長崎小太郎を御家人（ごけにん）二武士として迎えたときに、新地名の「長崎」となった。

栄（さか）の国・逆（さか）川→佐嘉（さか）→「佐賀」

この地域の佐嘉川にクスの木の茂る栄（さか）えた場所があったので、この川を「栄（さか）の国」と呼んだことと、この川が満潮時に川が逆流する「逆（さか）川」であることから、「佐嘉」とよばれていたものを、江戸時代にこれが「佐賀」に書きかえられた。今でも有明海（ありあけかい）が満ち潮になると、海面が地平面より2.9mも高くなる。

福岡県

大分県

日本は北から南まで長〜い国だ

佐賀県

長崎県

熊本県

「くま」は川の曲がり角、「もと」は牟田から湿地

古名は、「くまむた」だが、14世紀頃から「隈本(くまもと)」とか「隈元(くまもと)」と書かれた。1607年に武将・加藤清正が熊本(ちゅうず)丘陵に城をきずき、その際「くま」の漢字を、猛々しさで知られる獣の「熊」に変え、熊本城とした。

鹿児島県

「鹿児島」は、もともとは桜島(さくらじま)のこと

鹿児島の古名万(かごしま)志「加古(かご)」は古語で「カガミ」ちらちらと光ってゆれる」という意味である。「鹿児(かご)」といういう漢字はあとからつけた当て字。この地を治めた島津家は、薩摩藩時代の1609年に琉球(沖縄県)を征服すると、沖縄諸島を利用して海外貿易を伸ばし、鹿児島などの港を発展させた。

宮崎県

「宮崎」は宮前、神宮の前に広がる土地

明治初期まで上別府(かみべっぷ)村とよばれたところには、伝承上の初代天皇とされる神武天皇を祭ってある宮崎神宮がある。そこは神武天皇が、大和(やまと=現在の奈良地方)に遠征する前に都(みやこ)がおかれた土地とされ、城下町でもなく市街化も進んでいない村であるにもかかわらず、1883年に県庁がおかれ、宮崎県となった。

沖縄県

「沖縄」は土地の言葉で「沖(おき)漁場(なは)」

琉球(りゅうきゅう)という国だったとき、中国名で「阿児奈波(おきなは)」と当て字された。現在の「沖縄」は、1719年に新井白石(あらいはくせき)が「南島誌」に「沖縄」と記したのが最初である。その後、明治時代になり、1879年に琉球藩から沖縄県となった。

15

日本全国地名クイズ
都道府県名編

問題1 都道府県は今いくつある?

こたえ 47。

問題2 都道府県のうち、都・道・府はそれぞれいくつある?

ええと…

こたえ 都はひとつ、道はひとつ、府は2つ。

明治維新によって、それまで奉行のおさめていたところは「府」に、代官がおさめていたところは「県」になりました。しかし、その後「府」は再編され、天皇のいた「京都(きょうと)」、新政府のおかれた「東京(とうきょう)」、天下の台所であった「大阪(おおさか)」の3つにしぼられました。1943年になると東京府と東京市が統合して、新たに「東京都」という自治体が生まれました。これで、「府」は2つになり、「都」がひとつできました。「道」については、2ページ「北海道(ほっかいどう)」を参照。

問題3 都道府県名はほとんど漢字2字だけど、3字のところもある。いくつある?

こたえ 3つ。神奈川(かながわ)、和歌山(わかやま)、鹿児島(かごしま)です。

北海道は「北海」だから、2字。では、どうして2字が多いのだろう? 地名の漢字を2字にするように、713年に大和朝廷から指示があったからなのです。そのとき、「良い名」、「良い漢字」が示されて(「好字」という)、それを使うように言われたのです。たとえば、「吹島(ふくしま)」→「福島(ふくしま)」、「外山(とやま)」→「富山(とやま)」という具合にです。しかし、読み方があっていれば漢字は変えてもよかったし、まったく新しい地名を持ち込んでいるところもあります。

問題4
九州は7県しかないのに、なぜ九州なの?

こたえ 明治維新(いしん)までは9つの国があったから。

江戸時代まで、九州には筑前(ちくぜん)・筑後(ちくご)・豊前(ぶぜん)・豊後(ぶんご)・肥前(ひぜん)・肥後(ひご)・日向(ひゅうが)・大隅(おおすみ)・薩摩(さつま)の9つの国がありました。これらの地名が今どのくらい残っているのかを、⑥巻でしらべてみよう。

問題5
東北地方にはいくつの都道府県がある?

こたえ 6つ。
青森(あおもり)、岩手(いわて)、宮城(みやぎ)、秋田(あきた)、山形(やまがた)、福島(ふくしま)。
※これに北海道を加えて「北日本」とよぶこともある。

問題6
関東地方にはいくつの都道府県がある?

こたえ 7つ。
茨城(いばらき)、栃木(とちぎ)、群馬(ぐんま)、埼玉(さいたま)、千葉(ちば)、東京(とうきょう)、神奈川(かながわ)

問題7
北陸地方にはいくつの都道府県がある?

こたえ 4つ。
新潟(にいがた)、富山(とやま)、石川(いしかわ)、福井(ふくい)

問題8
近畿地方にはいくつの都道府県がある?

こたえ 7つ。
滋賀(しが)、京都(きょうと)、奈良(なら)、三重(みえ)、和歌山(わかやま)、大阪(おおさか)、兵庫(ひょうご)
※三重をいれないこともある。

問題9
中国地方にはいくつの都道府県がある?

こたえ 5つ。
鳥取(とっとり)、島根(しまね)、岡山(おかやま)、広島(ひろしま)、山口(やまぐち)

17

ほっかいどう
北海道
山や川の名前

北見山地（きたみさんち）
北の島が見える場所で「北見（きたみ）」。ここからは、海のかなたにサハリン島が見えるので、「北見」となった。高さ1000m級の山地で、南部の北見盆地にある北見市には、1897年に、高知県（こうちけん）からはじめて日本人が移り住んだ。

大雪山（たいせつざん）
雪をかぶった大きな山なので、この名前になった。「大雪山」という名前がはじめて記されたのは、1893年の『日本名勝地誌（めいしょうちし）』である。この山は、東西80km、南北100kmという広大な山岳地帯で、表（おもて）大雪、北大雪、東大雪、十勝連峰（とかちれんぽう）にわかれ、表大雪の旭岳（あさひだけ・2290m）という円錐火山（えんすい）を最高峰として、2000m級の山々が20近く集まっている。夏になると高山植物が花を咲かせている。

石狩川（いしかりがわ）
アイヌ語のi（イ＝その）、sikari（シカリ＝流れが曲っている）、pet（ペツ＝川）に、漢字で当て字をつけて「石狩（いしかり）川」とした。石狩川はアイヌ語であらわされているとおり「曲がりくねった川」で、よく洪水（こうずい）がおきたので、川の流れを直線にする工事がおこなわれた。その結果、北海道で一番長い365kmあった石狩川は268kmまで短くなった。

不思議な語感の名前がたくさん！

日高山脈（ひだかさんみゃく）
「ひなかみ」→「日高見（ひだかみ）」→「日高（ひだか）」。日本書紀では、この地方は「ひなかみの国」と記されている。「ひな」は「いなか」、「か」は「場所」、「み」は「周辺（へん）」という意味である。最初、「ひなかみの国」という地名は北上川の流域（りゅういき）（現在の岩手県（いわてけん）と宮城県（みやぎけん））で使われた名前だったが、それが北海道にもおよんだのである。

地図中の地名：
- 天塩川（てしおがわ）
- 雨竜川（うりゅうがわ）
- 暑寒別岳（しょかんべつだけ）
- 石狩川（いしかりがわ）
- 羊蹄山（ようていざん）
- 支笏湖（しこつこ）
- 洞爺湖（とうやこ）
- 渡島半島（おしまはんとう）
- 日本海（にほんかい）

オホーツク海

「オホーツク」はロシア語で「狩猟の町」という意味。もともとは、シベリアの漁村の名前であった。ロシア人がオットセイやクジラ、アシカ、アザラシなどをたくさんとっていた。8月でも海の表面水温は7度〜10度くらいで、1月〜3月には海面は流氷でおおわれる。

知床半島

アイヌ語のsir（シル）、etoko（エトコ）、に漢字の当て字をつけて「知床（しれとこ）」とした。「シル」は大地、「エトコ」は「先」という意味で、「大地の先」つまり岬を表している。ラウス岳（1661m）など1500m前後の山々を連ね、陸にはヒグマ、エゾシカ、キタキツネが目立ち、海にはサケ、マス、タラが豊かである。

根釧台地

根室から釧路にまたがる名前で「こんせん台地」と読む。「根室」は、アイヌ語のni（ニ＝木）、mu（ム＝密生している）、oro（オロ＝ところ）から、「釧路」はkusuri（クスリ＝温泉）か、kusi（クシ＝通る）ru（ル＝道）から漢字におきかえられたもの。

十勝平野

アイヌ語のtukar（トカル＝あざらし）、pet（ペツ＝川）から「十勝（とかち）川」となまったものである。十勝川の中・下流は畑作と酪農地帯で、ビート（砂糖大根）、豆、ジャガイモ、トウモロコシなどを栽培している。最近はブドウ栽培でも有名である。中心地、帯広には1883年に静岡から日本人が移り住み、開拓がはじまった。

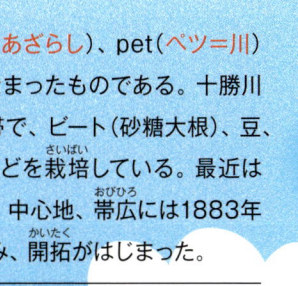

地名:
- ッチャロ湖
- 北見山地
- サロマ湖
- 網走湖
- 知床半島
- 大雪山
- 屈斜路湖
- 摩周湖
- 根釧台地
- 雌阿寒岳
- 釧路川
- 十勝川
- 日高山脈
- 十勝平野
- 幌尻岳
- 太平洋

19

北海道
市町村の名前

■ 市街地

札幌

道庁所在地。アイヌ語のsat（サト＝乾いた）、poro（ポロ＝広い）、pet（ペツ＝川）に、「札幌（さっぽろ）」という漢字にあてはめたもの。豊平川（とよひらがわ）が山間部から平地に出るところで、運んできた土砂を扇状に積み重ねる。それを扇状地というが、札幌はそうした土地の上にあり、中央部は水が乾きやすい。1866年に日本人が移り住みはじめ、その後、北海道の中心地となった。

函館

この地域は、アイヌ語ではus（ウス＝湾の）、kesi（ケシ＝はし）と呼ぶ。この地に進出した日本人は各地に館（やかた）をきずき、貿易の仕事をした。箱形の館をつくった者もいたことから、1445年から「箱館（はこだて）」と呼ぶようになった。1869年、漢字を「函館（はこだて）」に改めた。

松前

アイヌ語のmat（マト＝婦人）、oma（オマ＝いる）、i（イ＝ところ）が「松前（まつまえ）」という漢字におきかわったもの。1606年、エゾ地の行政の中心地として、ここに福山城がきずかれ、日本最北の城下町がつくられた。明治維新のときの新政府との戦争のさい、城下町はほとんど焼失してしまった。

礼文島 / 利尻島 / 稚内 / 留萌 / 道央自動車道 / 旭川 / 小樽 / 札樽自動車道 / 札幌 / 夕張 / 千歳 / 道東自動車道 / 道央自動車道 / 苫小牧 / 登別 / 室蘭 / 奥尻島 / 北斗 / 函館 / 松前 / 新ひだか

稚内（わっかない）

アイヌ語のyam（ヤム＝冷たい）、wakka（ワッカ＝水の）、nay（ナイ＝川）に、「稚内（わっかない）」という漢字にあてはめたものである。1685年には松前藩の漁場となり、北方警備でも重要なところであった。1808年にはここから間宮林蔵（まみやりんぞう）がサハリンに出発した。1905年には南サハリンが日本領となったので、サハリン定期航路が開かれた。

旭川（あさひかわ）

この地域は、アイヌ語ではchup（チュプ＝日）、pet（ベツ＝川）と呼ぶ。つまり、「日が昇（のぼ）る川」という意味。それを漢字で「旭川（あさひかわ）」と表したものである。ここでいう川とは石狩（いしかり）川の上流の忠別（ちゅうべつ）川のことである。

択捉島（えとろふとう）
網走（あばしり）
北見（きたみ）
国後島（くなしりとう）
色丹島（しこたんとう）
歯舞諸島（はぼまいしょとう）
中標津（なかしべつ）
根室（ねむろ）
道東自動車道（どうとうじどうしゃどう）
帯広（おびひろ）
釧路（くしろ）

釧路（くしろ）

地名の由来は「根釧台地」（①巻19ページ）を参照。

夕張（ゆうばり）

アイヌ語のyu（ユ＝鉱泉の）、paro（パロ＝出口）から「夕張（ゆうばり）」となった。1888年に石炭が発見されて、我が国有数の炭鉱（たんこう）都市となった。1960年代の石炭から石油へというエネルギー革命を迎えると、衰退（すいたい）の一途（いっと）をたどり、1990年に閉山した。人口の減少は著しいが、今は夕張メロンで有名である。

千歳（ちとせ）

アイヌ語のsi（シ＝大きな）、kot（コト＝凹地（おう））という地名は、死骨（しこつ）と聞こえるので、千歳鳥（ちとせどり）といわれる鶴（つる）がやってくることから、1805年に縁起（えんぎ）の良い「千歳（ちとせ＝千年）」という名前にかえられた。1870年に最初の農業開拓者（かいたくしゃ）を迎え、1886年にようやく村が生まれた。千歳は1939年に海軍航空隊の基地になってから、北海道のハブ空港（中心となる空港）として発展した。

青森県
あおもりけん
山や川の名前

アイヌ語と
ゆかりの深い
名前が多いね！

津軽半島
つがるはんとう

アイヌ語のtukari（ツカリ＝手前、こっち）から「津軽（つがる）」と当て字されたもの。昔は、東北地方にもアイヌ人が住んでいて、彼らにとって津軽半島は、北海道の渡島（おしま）半島より「手前」にある土地を意味していたのだ。

十三湖
じゅうさんこ

アイヌ語のto（ト＝湖の）、sa（サ＝前）から、十（と）三（さ）と当て字され、それが十三（じゅうさん）湖と呼ばれるようになった。しかし、湖口にある港町は「十三湊（とさみなと）」と呼ばれており、もとの呼び方が残っている。

岩木山
いわきさん

アイヌ語のkamuy（カムイ＝神の）、iwak（イワク＝住む）、i（イ＝ところ）から、「岩木（いわき）」と当て字された。別名、津軽富士（つがるふじ）といわれる独立峰（どくりつほう）（1625m）で、山頂に797年（1200年以上前）につくられた岩木山神社がある。安寿姫（あんじゅひめ）と厨子王丸（ずしおうまる）を神とする山岳信仰の山である。

白神山地
しらかみさんち

アイヌ語のsirar（シラル＝岩の）、kamuy（カムイ＝神）から、「白神（しらかみ）」と当て字されたもの。海からの目印となる白神岳（1235m）は、航海者たちからは、白神大権現（だいごんげん）といわれた。起伏（きふく）がはげしい山だが、1000m級の低山なのでブナが育つのに適した環境で、世界最大級のブナ林として世界遺産に指定（いさん）されている。

日本海
にほんかい

津軽半島
つがるはんとう

十三湖
じゅうさんこ

岩木川
いわきがわ

岩木山
いわきさん

白神山地
しらかみさんち

下北半島(しもきたはんとう)

中世にこの地域を治めていた南部藩(なんぶはん)は、南部町に近い方を「上北郡(かみきたぐん)」、遠い方を「下北郡(しもきたぐん)」と呼んだために、この地名となった。ここは、ニホンザルが生きられる北の限界地域(北限生息地)である。太平洋岸はこの地域特有の冷たく、しめった風である「やませ」が吹きやすい。

陸奥湾(むつわん)

京都からはじまって北のほうへつながる街道＝東山道(とうさんどう)がここで終わるので、8世紀には道奥国(みちのくのくに)と呼ばれていた。それが、9世紀に陸奥(むつ)と改められたもの。ホタテ貝の養殖などがさかんである。

八甲田山(はっこうださん)

山頂付近に湿原があり、それを「萢(やち)」とか、「神田」または「耕田」(両方とも「こうでん」と読む)と呼んだことから、「萢高田」または「八神田」(両方とも「はっこうだ」と読む)という地名となり、それが「八甲田」と変化したものである。

十和田湖(とわだこ)

アイヌ語のto(ト＝湖の)、watara(ワタラ＝崖)から、最初「十渡(とわたり)」と当て字された。それが「十和田(とわだ)」と変化した。この湖は、火山の大噴火で火口に凹型の大きな穴があき、そこに水がたまってできたものである(こうした湖をカルデラ湖という)。

小川原湖(おがわらこ)
奥入瀬川(おいらせがわ)
南部(なんぶ)
馬淵川(まべちがわ)
太平洋(たいへいよう)

青森県(あおもりけん)
市町村の名前

市街地

三内丸山(さんないまるやま)
アイヌ語のsan(サン＝流れ出る)、nay(ナイ＝川)から、「三内(さんない)」と当て字された。それに、高さ21.6mの孤立丘である「丸山(まるやま)」がついた地名。1992年、野球場建設中に見つかった5ヘクタールの広さの先住民遺跡(いせき)で、5500年前から1500年間つづいた暮らしのあとが発掘されている。

弘前(ひろさき)
1611年、津軽(つがる)2代藩主(はんしゅ)信枚(のぶひら)が標高30m以上の広い台地の崎に高岡城をきずき、横600m、縦950mの城内の広さから広崎(ひろさき)の地名が出てきた。1628年、落雷のあと天海大僧正のすすめで「弘前」に改めたものである。

五所川原(ごしょがわら)
「御所川原(ごしょがわら)」→「五所川原(ごしょがわら)」。1658年万治(まんじ)年間の岩木川の洪水(こうずい)で、相馬村(そうまむら)から御所権限(ごしょごんげん＝ご遺体)がこの川原にながれつき、「御所川原」と言われるようになった。その場所には今八幡宮神社(はちまんぐう)が立っている。北に水田、南にリンゴ園といわれる津軽(つがる)の町。

大鰐(おおわに)
鎌倉時代の「大阿弥陀如来(おおあみだにょらい)座像」→「大阿弥(おおあみ)」→「大鰐(おおわに)」と変化。座像は現在大円寺(だいえんじ)にある。「わに」と書くようになったのは、ここにいた大きなサンショウウオの姿と結びつけた表現である。塩泉とスキー場で知られる。

碇ヶ関(いかりがせき)
古代には猪(イノシシ)を落とし穴やわなでとらえて、その肉を食べたところから「猪狩(いのかり)」と呼ばれた。のちに江戸時代に関所ができて、「碇ヶ関(いかりがせき)」と変化したもの。平川(ひらかわ)の清流にめぐまれ、塩泉がある。

五所川原(ごしょがわら)
つがる
三内丸山(さんないまるやま)
東北自動車道(とうほくじどうしゃどう)
弘前(ひろさき)
大鰐(おおわに)
碇ヶ関(いかりがせき)

大間

アイヌ語で、oo（オォ＝深い）、ma（マ＝谷）に漢字の当て字をして、「大間（おおま）」とした。この岬に流れ込む「奥戸川（おこっぺがわ）」の谷のことである。本州の最北端である大間崎があり、ここから北海道までは18kmである。大間のマグロはグルメのブランドとして人気が高い。

大間といえば、マグロ！

青森

県庁所在地。地名の由来は「青森県」（①巻4ページ）を参照。

むつ

地名の由来は「陸奥湾」（①巻23ページ）を参照。

六ヶ所

1889年、尾駮（おぶち）村など6つの村が合併して、「六ヶ所村（ろっかしょむら）」となった。ここには湖沼間の「ふくざつな流れ」を意味するアイヌ語のオガラ（＝小川原）湖などがある。そのため、冷たい湿った風が吹くので、米をつくるのには不向きな土地である。最近は原子力施設で有名になった。

八戸

馬（軍馬）を育てる村のうち、南から時計まわりに見て8番目の村だったので、「八戸（はちのへ）」。1191年、山梨の南部光行（なんぶ・みつゆき）は源頼朝（みなもとの・よりとも）からこの地方を与えられて、城をきずき、南部藩をつくった。その後、南部藩には「一戸（いちのへ）」から「九戸（くのへ）」まで、9つの戸（牧場を囲う木戸）ができ、その地名が現在まで残っている。

大間 / むつ / 野辺地 / 六ヶ所 / 三沢 / おいらせ / 十和田 / 八戸 / 東北新幹線 / 八戸自動車道

25

秋田県
山や川の名前

米代川（よねしろがわ）
川がしぶきをあげて流れていて、米のとぎ汁のように白くみえるので米代川（よねしろがわ）と呼んだといわれている。昔は、秋田スギをいかだ流しにして運搬していた川である。1905年に奥羽線（おううせん）が開通すると、河川交通は衰退した。

八郎潟（はちろうがた）
今は干拓地（海水を取り除いて耕地にしたところ）となっているが、もとは琵琶湖（びわこ）の3分の1ほどの広さの干潟（ひがた＝潮がひいたあとにできる砂浜）であった。北の米代川（よねしろがわ）と南の雄物川（おものがわ）の運ぶ土砂が、どちらも男鹿（おが）島の間の浅い海を埋めたてて、島を陸続きにしたために、中央に八郎潟（はちろうがた）が生まれた。この変化が、人から竜に変えられた八郎が、放浪のすえ住み着いたという伝説となった。

男鹿半島（おがはんとう）
この半島は、昔は島であった。658年、朝廷から命令された阿部比羅夫（あべの・ひらふ）は、180せきの舟をひきいてこの島を攻め、首長の恩荷（おが）を降伏させた。その後、地名は「男鹿（おが）」と名付けられ、浅海の堆積作用（土砂が積みかさなること）で本土と陸続きになり、「男鹿半島」となった。

出羽山地（でわさんち）
古代の地名が今でも使われている例である。「越後（えちご＝現在の新潟地方）」の北に出ているはじっこの地という意味で、「出端（いでは）郡」と名づけられた。それが、やがて出羽（いでは）とかわり、その後「でわ」と読まれるようになった。

雄物川（おものがわ）
御物成（おものなり＝みつぎもの）を舟で運んだのでこの名前になった。上流の地域で集められた米を、みつぎものとして秋田港まで運んだのである。水運利用の時代が終わると、川の名は「御物」から「雄物（おもの）」へとかわった。

日本海
にほんかい

白神山地
しらかみさんち

米代川
よねしろがわ

八郎潟
はちろうがた

男鹿半島
おがはんとう

森吉山
もりよしさん

大平山
たいへいざん

雄物川
おものがわ

子吉川
こよしがわ

出羽山地
でわさんち

駒ヶ岳
こまがたけ

田沢湖
たざわこ

真昼岳
まひるだけ

神室山
かむろさん

駒ヶ岳
こまがたけ

春になると、山に馬のような形をした残雪が見られるので、この名前になった。馬の子のことを昔は駒(こま＝子馬)と呼んでいて、のちに馬、とくに乗用の馬をさすようになった。同じ名前の山が全国に20近くある。高さ1637mの円錐火山。

田沢湖
たざわこ

「田沢(たざわ)」とは水田をつくった谷の沢(小さな流れ)のことで、村の名前である。この湖は、火山の噴火で火口に凹型の大きな穴が開き、そこに水がたまってできたものである(こうした湖を「カルデラ湖」という)。その深さは423mもあり、日本でもっとも深い湖である。

27

秋田県
市町村の名前

■ 市街地

八峰（はちみね）
「八森町（はちもりちょう）」と「峰浜村（みねはまむら）」が合併して、「八峰（はちみね）」になった。2006年に生まれた新しい町。「八」はたくさんを表すので、「八森」とは「ゆたかな森の町」という意味であった。秋田油田の北の端にある滝、奇岩、洞窟のある観光地。

能代（のしろ）
「米代（よねしろ）川」から「淳代（ぬしろ）」となまり、それが「野代（のしろ）」と変化した。この地方は、川すじで水害や地震が多く、それが野におこる災害であることから、1704年に、「野代」という字を、「よく（能）なる」ことを願って「能代（のしろ）」に改めたものである。

大潟村（おおがたむら）
1967年に、八郎潟（はちろうがた）の干拓地（海水を取り除いて耕地にしたところ）に生まれた新しい村。もとは、「大方（おおがた）」という文字であったが、大きな理想と躍進を願って「方」を八郎潟の「潟」にかえ、「大潟（おおがた）村」と命名した。一軒（いっけん）の農家が所有する田の広さは、普通の農村の10倍もある。

湯沢（ゆざわ）
8世紀に「湯ノ原（ゆのはら）」と「松沢（まつざわ）」が合併して、「湯沢（ゆざわ）」となった。江戸時代に城下町となって、近くの院内銀山（いんないぎんざん）とむすぶと、物資の中継地（ちゅうけいち）となって発展した。温泉地である。

由利本荘（ゆりほんじょう）
由利（ゆり）地方の中心にある尾崎山（29.6m、現本荘公園）に、1610年楯岡氏（本名は本城氏）が本城城をきずいた。1622年本城氏がこの地を去ると、六郷氏が入り、城下町の名を本荘（ほんじょう）と改めた。2005年、風や水の流れで平らになった土地を意味する「由利」など7町と合併し、「由利本荘」となった。

鹿角

米代川上流のアイヌ語名カンナ（上方の）トゥナイ（谷川）がカツナと短縮したあと、上津野（かづの）→鹿角と変わった。花輪（塙＝「一段高い土地」に由来）を中心とする都市で、1972年の市町村合併のとき、郡の名を都市名とした。

秋田

県庁所在地。
地名の由来は「秋田県」
（①巻4ページ）を参照

大館

「大館（おおだて）」は、大きな邸宅（館＝やかた）を意味し、江戸時代に入り、領主の佐竹氏がここに武家屋敷をおいたことからこの地名となった。米代川水運と陸路の便との両方があり、交通の要地として発展した。背後には秋田スギの美林地帯が広がる。

大仙

2005年の市町村合併で生まれた新しい都市である。「大」は「大曲（おおまがり）」から、「仙」は「仙北（せんぼく）郡」からきている。「大曲」は雄物（おもの）川の曲りくねっているところ、「仙北」は県さかいの山々の北を意味する「山北（せんぼく）」に由来している。中心都市である「大曲」は、河港としての歴史があり、最近は陸路、鉄路、空路の結節点になっている。

地図中の地名：
八峰（はちみね）、大館（おおだて）、北秋田（きたあきた）、東北自動車道（とうほくじどうしゃどう）、能代（のしろ）、鹿角（かづの）、大潟村（おおがたむら）、潟上（かたがみ）、秋田（あきた）、秋田新幹線（あきたしんかんせん）、仙北（せんぼく）、由利本荘（ゆりほんじょう）、秋田自動車道（あきたじどうしゃどう）、大仙（だいせん）、横手（よこて）、にかほ、湯沢（ゆざわ）

29

岩手県
山や川の名前

日本海

八幡平（はちまんたい）
武将、坂上田村麻呂（さかのうえの・たむらまろ）は、8世紀にエゾ地（現在の東北地方）を征服する途中で、この地に武家の守護神となっていた八幡神（はちまんじん）をまつったことが、名前の起源である。

○ 八幡平

馬淵川（まべちがわ）

姫神山（ひめかみやま）

○ 岩手山（いわてさん）

岩手山
地名の由来は「岩手県」（①巻5ページ）を参照。

真昼岳（まひるだけ）
「真広（まひろ）」→「真昼（まひる）」。山頂部がゆったりと広いので、昔は、「真広岳（まひろだけ・1060m）」という名だった。断層運動で生まれた山で、周囲をよく見渡せるので有名。

○ 真昼岳

奥羽山脈（おううさんみゃく）

奥羽山脈
「陸奥（むつ）」（23ページ、「陸奥湾」参照）の奥、「出羽（でわ）」（26ページ、「出羽山地」参照）の羽をあわせて「奥羽（おうう）」という。青森県から栃木県までの列島中央部を450km走る日本最長の山脈で、高さは1500m～2000m、火山やカルデラ湖が目立つ。

北上川（きたかみがわ）

北上川
この地域は、日本書紀では「ひな（いなか）」、「か（場所）」、「み（周辺）」の国と記された。そこから「ひたかみ（日高見）」（北海道の「日高」のもとになった地名）とかわり、さらに「きたかみ（北上）」と変化したものである。

○ 栗駒山（くりこまやま）

龍泉洞（岩泉）

同じ鍾乳洞で高知県に「龍河洞（りゅうがどう）」があるので、これにたいし、「龍泉（りゅうせん）洞」とした。宇霊羅山（うれらさん・625m）から流れだし、総延長2500mという石灰岩洞窟をつくっている。泉のわき出す岩があるところから、町の名は「岩泉（いわいずみ）」となった。深さ120mには地底湖もある。

三陸海岸

3つの地方にまたがる海岸線なので、「三陸（さんりく）海岸」。青森県八戸（はちのへ）から宮城県牡鹿（おしか）半島までの600kmに、陸奥（むつ）、陸中（りくちゅう）、陸前（りくぜん）の3地方の海岸線が走ることから三陸海岸という。この地域の太平洋岸はギザギザのリアス式海岸で、天然の良港があり、目の前に寒流と暖流のまじり合うよい漁場がある。

早池峰山

太平洋からの山背（やませ）風が「はやち（疾風＝はげしい風）」となるところで、これに「峰（みね）」がついて、「早池峰（はやちね）」となった。北上山地（きたかみさんち）にある最高峰の山（1917m）だが、長い間侵食を受けてきたのでなだらかな形をしている。信仰の山で、山頂には早池峰・神社奥の宮がある。

陸中海岸

陸奥（むつ ①巻23ページ、「陸奥湾」参照）は、1868年に、3つに分割された。「陸中（りくちゅう）」は、久慈（くじ）から気仙沼（けせんぬま）の地域をさす。その「陸中」より北を「陸奥」、南を「陸前（りくぜん）」とした。「陸中」は海岸国立公園に指定され、リアス式海岸、鍾乳洞、天然林など見どころが多い。

北上高地　安家洞　龍泉洞　三陸海岸　早池峰山　陸中海岸　太平洋

岩手県
市町村の名前

■ 市街地

盛岡

県庁所在地。1691年に森が岡にある不来方(こずかた)城を、盛り上がり栄える岡にしようと「盛岡(もりおか)城」にした。江戸時代に南部氏(なんぶし)の城下町になると、不来方に青森の三戸(さんのへ)から南部氏の家臣が家族連れで移り住み、新時代をむかえたので、地名を「森が岡」から「盛岡」に変えたものである。

花巻

北上川(きたかみがわ)の岸にあった花のよく咲く巻(まき＝牧場とか荘園)のことで、名馬の産地だったところが地名になった。南部氏(なんぶし)の城下町となったあと、宿場町、商業の町として発展した。宮沢賢治の生まれたところである。

北上

地名の由来は「北上川」(①巻30ページ)を参照。

一関

「関(せき)」は砦(とりで)のこと。ここには関のつく地名が、一関、二関、三関と3つある。どれも11世紀につくられた砦で、一関(いちのせき)は市内にその跡を残している。ここは北上川が川幅をちぢめるところで水がたまりやすく、そのため一関を流れる支流の磐井川には一堰(せき＝水をせきとめるもの)、二堰、三堰をつくり、それぞれの堰に関をもうけた。

平泉

山と山の間の平らな土地で、湧き水が出るのでこの地名となった。奥州(おうしゅう)藤原氏の支配した土地で、11世紀の中尊寺のほか、12世紀後半の陸奥守秀衡(むつのかみ・ひでひら)のときの遺産を見ることができる。

久慈

アイヌ語の、kut(クト＝断崖のある)、i(イ＝ところ)で「クチ」。それに漢字を当てはめて「久慈(くじ)」となった。砂浜・岩礁・洞窟・崖がそろう観光地。久慈川の河口の港は自然に埋まってしまい、1956年から掘込湾(土を掘って人工的につくられた湾)を建設した。砂鉄の産地だったので、一時製鉄が主産業であった。

葛巻

「葛(くず、かずら)」の生えた「巻(まき)」で、「葛巻(くずまき)」。「巻」は牧場の「牧(まき)」で、牛の放牧を中心とした中世の荘園(しょうえん＝貴族の領地)に由来した呼び名である。葛は牛のえさやでんぷん粉となった。南部牛追い歌に出てくる土地である。

釜石

アイヌ人の魚の干し場に使われたカマ(平岩の)ウシイ(沢山ある所)があったので、釜石となった。町を流れる甲子川の釜淵(よどんだ深い所)の釜を当て字として用いている。1857年、この地域で採れる鉄鉱石を利用して、日本初の洋式高炉がつくられたが、1980年代に生産を終えた。

遠野

「遠(とお)閉伊(へい)郡」の野から「遠野(とおの)」になったと言われている。「閉伊」とは辺境(中央から遠くはなれた国の境)という意味だが、山の中とはいえ、ここは北上川(きたかみがわ)と三陸(さんりく)を結ぶ要地であったので、8世紀の坂上田村麻呂(さかのうえの・たむらまろ)の遠征は遠閉伊までおよんだ。江戸時代は南部氏(なんぶし)の城下町であった。

山形県
山や川の名前

庄内平野
庄内（しょうない）とは庄園（しょうえん）の中という意味。庄園は「荘園」とも書き、貴族や寺社の領地のこと。中世の時代に、最上川（もがみがわ）下流の地頭であった大泉氏の領土は大泉庄と呼ばれ、その中を庄内といった。海岸よりの湿地には、江戸時代に多くの新田が開かれた。

月山
山頂の神社に、夜の世界をつかさどる「月読命（つきよみの・みこと）」をまつっていることから、この名前になった。楯状火山に近い円錐火山（1980m）で、その姿から臥牛（寝ている牛）山ともいう。山岳宗教の霊場のひとつ。

朝日山地
太陽が昇るとき山が朝日に赤く染まるので、この名になった。最高峰の大朝日岳（おおあさひだけ）が1870m。冬は山の東側が雪の吹きだまりになり、なだれも起きやすく、そのため山の東側がとくにはげしくけずられて急な岩壁となっている。

地図ラベル：
- 鳥海山（ちょうかいさん）
- 庄内平野（しょうないへいや）
- 最上川（もがみがわ）
- 赤川（あかがわ）
- 月山（がっさん）
- 朝日山地（あさひさんち）
- 飯豊山（いいでさん）
- 米沢盆地（よねざわぼんち）
- 日本海（にほんかい）

34

鳥海山（ちょうかいざん）

円錐状（えんすいじょう）の二重式火山で、西側の古い鳥海山（ちょうかいざん）と東側の新しい鳥海山があり、古い方の山頂西部に鳥海湖（ちょうかいこ）があって、それが地名のもとになっている。1801年の噴火（ふんか）でできた鳥海富士は、姿も美しく高さは2230mである。

最上川（もがみがわ）

昔、アイヌの人たちが、この川の中流にある峡谷（きょうこく）をmo（モ＝静かな）、kamuy（カムイ＝神）と呼んだのを「毛賀美（もがみ）川」と書き、そこから「最上（もがみ）川」の名が出てきたといわれている。この川は支流を入れると、山形県の8割をうるおしている。

船形山（ふながたやま）

県境にある山で、宮城県側からみると船をふせた形にみえるので、「船形山（ふながたやま）」（1500m）という。水の神をまつる霊山（れいざん）で、御所神社（ごしょじんじゃ）があり、水上（みなかみ）弁財天（べんざいてん＝弁天様（べんてんさま））がまつってある。そのため、山形県側からは「御所山（ごしょやま）」と呼んでいる。

船！

山形盆地（やまがたぼんち）

船形山（ふながたやま）

山形盆地（やまがたぼんち）

地名の由来（ゆらい）は「山形県」（①巻5ページ）を参照。

蔵王山（ざおうさん）

米沢盆地（よねざわぼんち）

「米沢（よねざわ）」は、「よな」（砂や石ころのこと）を流す沢、または、米汁のような白くにごった沢という意味。本流にそそぐ支流の河川では、大小の扇状地（せんじょうち）（泥や土が積み重なってでいた扇型（おうぎがた）の平地）がつくられている。

太平洋（たいへいよう）

山形県
やまがたけん
市町村の名前

■ 市街地

温海（あつみ）
「熱水（あたみず）」→「温海（あつみ）」。温泉のおかげで海もあたたまったという。温海七色（あつみなないろ）といって、温泉水の色が変化する。海岸は奇岩のある観光地である。

酒田（さかた）
砂浜を開拓したところなので、「砂潟（さかた）」（「潟〈かた〉」は潮がひいたあとにあらわれる砂浜）。それが、「坂田（さかた）」→「酒田（さかた）」と変化したもの。この地は、1521年、奥州（おうしゅう）藤原氏の家臣団が、最上川（もがみがわ）北岸の「そでの浦」という湿地に近い砂浜を開拓してつくった集落である。

南陽（なんよう）
中国河南省にある「南陽（なんよう）」という地名をまねたもの。南に山をいだき、不老長生の水が流れる南陽に似ているので、1967年、市に昇格するときに、当時の知事が選んでつけた名前である。

上山（かみのやま）
最上川（もがみがわ）からみて、山形の上流になるので「上山（かみのやま）」。温泉地で、蔵王山（ざおうさん）の登山口。斎藤茂吉の生地。

地図の地名:
酒田（さかた）、山形自動車道（やまがたじどうしゃどう）、新庄（しんじょう）、鶴岡（つるおか）、温海（あつみ）、尾花沢（おばなざわ）、山形新幹線（やまがたしんかんせん）、山形自動車道、寒河江（さがえ）、天童（てんどう）、上山（かみのやま）、山寺（やまでら）、山形（やまがた）、上山（かみのやま）、南陽（なんよう）、米沢（よねざわ）

36

新庄
江戸時代に戸沢氏の支配下に入り、今の最上中央公園の地に新庄城が築かれた。地名は城の名に由来する。最上川の支流、指首野川（さすのがわ）にのぞむ港をもち、秋田へぬける交通の要地であった。

鶴岡
城の名前をより良い漢字（好字という）におきかえたのが、地名となった例である。江戸時代に豪族・最上氏（もがみし）が城主となると、それまでの大宝寺城は鶴岡城（つるおかじょう）と改められた。市街地は拡張され、地頭であった武藤氏（むとうし）のそれまでの「庄内（しょうない）」という地名も「鶴岡」にかわった。

> 尾花沢には有名な銀山温泉があるよ

尾花沢
朝廷におさめたみつぎ物には、ワシやタカの尾羽（おば＝尾っぽの羽）がつけられたので、「尾羽沢」（「沢」は小さな川を意味する）という地名になり、それから「尾花沢（おばなざわ）」になったという。

天童
1375年、南北朝時代の武将、北畠天童丸（きたばたけ・てんどうまる）が、舞鶴（まいづる）山に城をきずき、城下町を開いたので、「天童（てんどう）」という地名になった。特産品の将棋の駒は、1830年ころから下級武士の内職として作られはじめたもので、今では全国の7割を生産している。

山寺
9世紀に、慈覚大師（じかくだいし）円仁（えんにん）が開いた立石寺（りっしゃくじ）の門前町で、寺の通称である「山寺（やまでら）」がそのまま地名になったもの。比叡山（ひえいざん）の延暦寺（えんりゃくじ）を模倣した寺で、芭蕉が「しずかさや岩にしみいる蝉の声」とうたったところである。

山形
県庁所在地。地名の由来は「山形県」（①巻5ページ）を参照。

米沢
地名の由来は「米沢盆地」（①巻35ページ）を参照。

日本全国地名クイズ

レベルを上げるよ!

問題2 アイヌ語の地名で○○ナイ、○○ペツは、川をあらわす接尾語(せつびご)。漢字ではどう書かれている？

うーん…なんだっけ

こたえ 「内」、「別」。

「内」は青森の三内丸山(さんないまるやま)、北海道の稚内(わっかない)。「別」は北海道の温泉地・登別(のぼりべつ)がよい例ですが、東北の場合、別(べつ)のほか米地(べち)、辺地(へじ)とちがう漢字も当てています。

問題1 北海道や東北にはアイヌ語がもとになった地名が多い。なぜ？

こたえ 北海道や東北にはもともとアイヌ人がすんでいたから。

明治初期までは「エゾ地(蝦夷地)」とよばれ、日本人にとっては征服(せいふく)の対象でした。

問題3 最近の全国的な市町村合併(がっぺい)で新しい町が誕生(たんじょう)した。すぐ分かるのがひらがなの地名。次の地名を漢字に置きかえてみよう。新ひだか(北海道)、むつ、おいらせ、つがる(青森県)、にかほ(秋田県)。

こたえ 日高、陸奥・奥入瀬・津軽、仁賀保。

ひらがなにした理由はいくつかあります。①合併して大きくなったのを機会に、読みやすくするために、漢字からひらがなにした。②新地名に置きかえるにあたり、よく知られた地名を採用し、すでにある地名と混同しないようにひらがなにした。③むずかしい漢字の地名をひらがなにした。

問題 4
自動車のなかったむかし、最上川(もがみがわ)のような急流でも舟が利用された。そんな時代、ある川だけ、川舟の行き来を禁じられた。それはなんという川?

こたえ 静岡県大井川（おおいがわ）。

ここは舟を禁止し、人足たちが川渡しの仕事をしました。おかげで、川岸の島田と金谷は宿場町として繁盛しました。江戸幕府はここを軍事的に重要と考え、かんたんに渡らせないことによって江戸を守ろうとしたのです。

問題 5
東北のある県はとても政治色のつよい県名。それはどこ?

こたえ 宮城県(みやぎけん)。

地名はその土地の自然や歴史を教えてくれるのが普通ですが、県の名のように狭い土地にしばられない場合は、変化が大きく意外な地名があります。宮城県の例は国(朝廷)の出先機関である宮廷(きゅうてい)があったところであることを表現しています。

問題 6
全国的に鹿のつく地名が多い。東北地方で名前に鹿のつく2つの半島とは?

こたえ 男鹿半島(おがはんとう)、牡鹿半島(おしかはんとう)。

鹿のつく地名は、鹿児島県、鹿角市(秋田県)、鹿嶋市(茨城県)、鹿沼市(栃木県)、鈴鹿市(三重県)、鹿島市(佐賀県)、鹿屋市(鹿児島県)のように、全国にたくさんあります。それは、鹿が身近な動物であったためで、一部をのぞき、地名の由来(ゆらい)を実際の鹿の存在と結びつける必要はありません。

問題 7
都道府県の境界(きょうかい)はたいてい山。青森と秋田の県境にある世界遺産で有名な山の名前は?

こたえ 白神山地（しらかみさんち）。

県境には、富士山のように高くて、有名な山がたくさんあります。地図をみるとき注意してみてみよう。

むずかしい!

参考文献

角川日本地名大辞典（47巻、角川書店）
日本歴史地名大系（1～48、平凡社）
古代地名大辞典 本編（角川書店）
日本地名大辞典 1～6巻（日本図書センター）
日本地名大百科 ランドジャポニカ（小学館）
日本古代史地名事典（雄山閣）
郷土資料事典 47巻（人文社）
日本全川ルーツ大辞典（村石利夫、竹書房）
日本全山ルーツ大辞典（村石利夫、竹書房）
東北六県アイヌ語地名辞典（西鶴定嘉、図書刊行会）
地名アイヌ語小辞典（知里真志保、北海道出版企画センター）
アイヌ語地名の研究・山田秀三著作集（草風館）
地名を歩く（南島地名研究センター、ボーダーインク）
古語辞典（松村明・今泉忠義・守随憲治、旺文社）
日本「歴史地名」総覧（谷川健一ほか、新人物往来社）
地名と風土1（谷川健一・責任編集、三省堂）
地名をさぐる（朝日新聞大阪本社企画報道室）
日本の神話と地名のはなし（由良弥生、ランダムハウス講談社）
大阪地名の謎と歴史を訪ねて（若一光司、ベスト新書）
地名の博物誌（谷口研語、PHP新書）
県名の由来（東京書籍）
日本の地名（藤岡謙二郎、講談社現代新書）
地名のたのしみ（服部英雄、角川ソフィア文庫）
日本の地名（谷川健一、岩波新書）
日本の地名の意外な由来（日本博学倶楽部、PHP文庫）
地名・苗字の起源99の謎（鈴木武樹、PHP文庫）
関西の地名100（武光誠、PHP）
コンサイス地名辞典日本編（谷岡武雄・山口恵一郎、三省堂）

著者略歴
蟻川明男 ありかわ・あきお

1939年生まれ。東京教育大学理学部地理学科卒業。元高校教師(地理)。地理教育研究会会員。著書『三訂版 世界地名語源辞典』(古今書院、2003年)、『世界地名の旅』(大月書店、2003年)、『地球を旅する地理の本④』(共著、1993年、大月書店)

なるほど日本地名事典❶
都道府県名・北海道～山形県

2011年3月28日 第1刷発行
2015年3月19日 第2刷発行
定価はカバーに表示してあります

著者
蟻川明男

発行者
中川 進

発行所
株式会社 大月書店
〒113-0033 東京都文京区本郷2-11-9
電話(代表)03-3813-4651　FAX 03-3813-4656
振替 00130-7-16387
http://www.otsukishoten.co.jp/

デザイン・イラスト・DTP
なかねひかり

印刷
光陽メディア

製本
ブロケード

ⒸArikawa Akio 2011
ISBN978-4-272-40811-5 C8325　Printed in Japan
本書の内容の一部あるいは全部を無断で複写複製(コピー)することは法律で認められた場合を除き、著作者および出版社の権利の侵害となりますので、その場合にはあらかじめ小社あて許諾を求めてください。

都道府県の名前、
すべて言えるかな?

わからないときは
巻頭の見返しを
見てみよう!